viisi pientä kymmentä

Mika Seppälä

viisi pientä kymmentä

ajatuksia

Kustantaja: BoD™ – Books on Demand, Helsinki, Suomi

Valmistaja: Books on Demand GmbH, Norderstedt, Saksa

ISBN: 978-952-800-436-3

se vain rakastansa odottaa

ikkunassa nyhjää,
katsoo ulos samaa tyhjää

vartoo kai kulkijaa,
sylihinsä sulkijaa

ja kun ehtoo on jo musta,
vetää eteen verhot

kuistilla kelmeä valo,
saapuvat yöperhot

Ei ennen sairauksista
sen kummempaa meteliä
pidetty.

Sitä vain aivastettiin
hiljempaa.

minun uskontoni –

kun kuolen,
omaiset lyövät kannet kiinni,
mutta minä käännän vain
sivua

olipa kerran nainen
jolla oli ollut niin onnellinen nuoruus
ja niin täydellisiä rakastajia
ettei hän kehdannut elää loppuikäänsä
kuin tarjouksessa

vaikka olen näin pieni,
olen tänään ollut
niin reipas,
että vuoteeni ääressä
iltarukouksen jälkeen
äiti taputtaa poskelleni
kokonaisen aplodin

viisas sanoi minulle:

sinulla on vain yksi tie,
mutta jo mutkan takana odottaa
ensimmäinen risteys

kesä taittuu,
syksy käy jo lähellä
muttei jää

jos vielä jaksaisi rakastaa,
sattuisi vähän

nappaan illan viimeisen säteen
ja liimaan sen sydämeni viereen,
juuri tähän

kun kuljen ohi
tutun leikkipuiston,
se mieleeni tuo
haalean muiston

voi lapsuus,
työnnä minut keinumaan!

ja silloin pieni poika
jälleen ees taas kiikkuu,
niin kaikki mitä sisälläin –
se nyt liikkuu

koko aamu on
ollut niin sama,
että voi arvata
loput

vaikka on valo
ja yötön yö,
rakkauteen olen
yhä työtön

elämä pysähtyneet sekunnit,
miksi minä liikkuisin
minuutteina

surisinko itseäni
suurin elkein,
kokonaisena syntynyt
enää ihminen
melkein

Joskus vain
minustakin putoavat lehdet
ja kaikki –

koko suven olen
oksaton

minä mekastan
ja syyllisyyttä laulan,
en muuta tee

voi luojani,
anna minun olla iloton
mutta älä vaateta minua enää
uusilla murheilla, jumalani

vaan anna kerran minun
olla niin kuin
sinä minut loit

täysin alaston

Olen sairas –

lienenkö minä valmista niittoa,
tuonehen tahtooko luojani
tästä nyt viittoa?

Vai vieläkö kehoni sinulle annan,
vielä kaikkeni,
kun on nukkumatti
kai heittänyt ikiuneheni sannan?

Juuri nyt
täytyy lääkettä säätää,
niin sairaalan peti minut jo kohta
kotihin häätää.

Mutta saa hyinen halla
ja kuolema ---

On siellä ikuisuuden alla
meillekin kolo,
vaikka on kumpikin
tällainen polo –

aina on vuoteemme jossain
yhteinen molempain,
ei koskaan kuulu
se toiselle vain -.

en ole koskaan
muuttunut mustaksi,

sen tekee yö –

taas silloin kun on
suteni hetki,
olen huoneessani niin hiljaa,
että tässä talossa
heräävät kaikki

ja sitten yhtenä päivänä
lojuessani sohvalla,

pilvien leikkiessä ulkona
auringon valon latvoihin
ja piiloon
minä tajusin,

että elämälle voi olla nöyrä,
mutta sitä ei koskaan
tarvitse pyytää
anteeksi

aamulla kun
alkava sarastus ei ole
vielä kerännyt
päivän sanaa,
istun tässä kuin
kaikki viisaus huulillani

katse kiertää kynänä
hämärässä huoneessa,
pitää kirjoittaa vielä
muutama rivi

rivi
rivi
rivi

tule takaisin

kun olet puoliksi paljas
arvailen vain sitä
mikä sinusta on piilossa

jos sinä julkaiset itsestäsi kaiken
et enää kiinnosta

maailmani on
kuun pimeä puoli

syvälle haudattu sydämeni
pulppuaa linnun lauluna
hautalehtoni kätkössä

ja kun en enää osaa hengittää
sinä tiedät mitä
yksi pieni huokaukseni
voisi olla

nuoruus:

olen pöly
ja pölystä vielä hajoan
jos sinua kosketan

enkä mitään pelkää muuta
kuin nähdä sinun katoavan

ja koko olemiseni olon
kuulen kaiken elon ivan
lemmen naamion nauravan

satuile ihminen
koko elämä

sillä tiedossa on
loppu joka ei turhia
runoile

minä lupaan koko elämäni toisille,
jos sattumalta heidän kauttansa
vaeltaisin polkuni

ei ole jumalaa minua varten
ei ole jumalaa laisinkaan

vain ojennetut käteni,
jotta voisin sinua halata
ja rutistaa
jokaista

antaa lähimmäiselle
lahjan suuren kuin maailma,
kun pitäisi itselleen sanoa
kiitos -

on niin aamu
ettei se ole muuttunut
vielä sanaksi

aurinko paistaa keittiön
ikkunasta kuin tuo ruutu
olisi ainoa –

kun sinä nouset ylös
kahvi tiputtelee jo

olemme vain tunnelma
kosketus ja uniset
silmät –
ei mikään herääminen vielä
kerro

oli minulla niin huono karma,
piti kirkkoon se oikomaan mennä
siitä olin varma

muttei minusta temppelin sisään,
en saanut yhteyttä taivaan isään

vaan vierellä oudon rautaristin
minä tupakaksi pistin
ja ötökän otsaltani listin

ei ollut mihinkään hoppu,
ennustettu oli tämänkin pojan loppu:

viimeiseen saakka kai röökiä
askista nyhtään

soivat muualla kiitosvirret –
ei perkele ei,
minussa yhtään

joskus vain
on vaikea
kaupan kassalle
sanoa kiitos ja
säätää hymyä

sillä minäkin
pelkkä ihminen –
painaa askel
niin kuin koko
elämä

ehken tässä maailmassa
saa valmiiksi kotiani

niin moni käy oven suussa
jotakin kaupittelemassa
tai muuten vain
kääntymässä

kai minulle sittenkin riittää
että mitä sitä turhia –

olla vain itse itselleni
itseni eteinen

sinä kaikkeus

sulje suljetut silmäni
ja katso uneni,
joita en enää halua katsoa

kirjoita kanteni kiinni
ja huokaise ajatukseni
pois

näytä minulle tähdenlento,
auringon nousu
niin hentona aamun harson
läpi

ja anna minun vain olla,
miettimättä mihin olen matkalla –
minne katoaa avaruus
minne kauas kaiken taa

joskus uneni ovat
niin nopeita ettei
niitä koskaan saa
kiinni

valvon,
yö on säkeetön

pakko on silti aamulla
nousta ylös ja
vain huomata,
ettei minun ja peilikuvani
väliin jää yhtään unelmaa

sillä kuitenkin olen jo
tarpeeksi totta

Oletko avaruus
siksi vain niin ääretön,
että sinuun mahtuu
koko ihmiskunnan huuto

sitä minä mietin,
päivä on kuuma ja
taivas samea,
jos saisi edes tovin
hiljaa hellittynä kulkea –

jumalani,
lienetkö niin suuri seinä,
että tuskani kaikuisi
armoitettuna takaisin

silloin minä olisin
ripauksen onnellinen,
silloin minä pienen pientä autuutta
vaiti hetken
palan matkaa astuisin -.

päivä on autereinen ja tahmea,
odotan keskiyötä,
jotta jokin
muuttuisi uudeksi –

kesä taittuu,
sielussani ovat jo pudonneet lehdet,
ja illalla istun vain tässä,
katson pimeyttä,
jota en näe

elämäni iskee samaa tahtia,
ei koskaan vaihdu

tähtien vyöt lyövät korkealla,
kuuluu tuolta jumalten piiskojen
pauke

ei elämä
riisu minua alituiseen,
ei –

vanhetessani
se vain väsymättä pukee minua
parhaimpiinsa

Lempi oitis välillämme kipinöi,
sanoi toinen ai
toinen voi

elo rakkauden toi,
meille kuumat yöt
jo kohta unohtuvat,
oikea valo joka varkain söi

Emme tienneet,
kuinka pian eron piru
ympärillämme ilkamoi,
toinen ryyppäsi,
toinen joi

maailma meidät repi,
ei kiellä,
sinä siellä –
minä enemmän täällä

ei enää mikään vanno,
ei enää mikään meitä soi,
vaikka luoja meidät yhteen
varman päälle loi.

vaikka hän joi pitkän
putken,
hän yhtäkkiä oli
yllättäen itsestään
selvä

kotimaa:
puhun äkkiseltään
aika hyvää suomea
suomalaiseksi

Elämäni on piano:

näppäilee minua
päivieni luku,
muutama nuotti
tai koko laulu

Vaikka olisin koko konsertto,
kuuluu joskus viimeinen sävel

Mutta en minä vielä ole ohi –
kaikuu vielä soitin,
kuluu hetki,
antaa sali aplodin

en oikein muista,
miten tänään heräsin

päivän valveen jotenkin
läpäisin

mutta täysin pistein
kuten aina,
illalla nukahdin

Kesä:
on niin kuuma –

lojuu kaikki kansa,
silmät sojottavat auki,
ne eivät painu
uneksi kiinni –

ei tänne yritä
viileä tuuli
jokainen tuuli katoaa,
ei eksy pilvi
auringon eteen,
pilveä ei ole.

Päivä ei enää jaksa,
ei viisari kiivetä ylös,
pysähtyy,
sen alla ajan sama numero:
kahdeksan tai
kymmenen.

Sinä kerroit myöhemmin,
äiti.

Juuri kun aioit sanoa –
rakastat,
minä niin usein
nukahdin helmaasi.

Kai merkitsi samaa,
turvallista oli minun
sylissäsi olla.

Tässä minä istun.

Päättyy nyt sadatus jumalautaan;
unelmia, unelmia minä
hautaan.

Joskus itsekin
elämästäni juovuin,
ja sille mikä oli oikeaa syntiä,
sille minä
suovuin –

Edessäni nauravat
muistojeni kangaspuut,

tanssivat toiset,
tanssii toinen liha
ja sen alla ehjät luut.

Ei enää askareissani
mikään toimi,
ei synny kudin,
ei ajatus,
ei edes loimi –

ja jos jokin oli onnea,
ei niin ei,
ei sitä mikään himo
sydämestäni poimi.

minä pilatus
kiellän pelastuksen
ja pesen käteni

saippuoin myös kaiken muun:
olutkummun
harventuvat hiukset
jokaisen iän tuoman
surkeuden

sisälleni sieluuni
en silti pääse
mutta toimituksen jälkeen
ajattelen –

ehkä näin on
kuitenkin
parempi

minun on vaikeampi
takaani niittää
kuin eteeni kylvää

palavat kaikki sillat!

silti kantaisinko
minä nimeäni jos
en itseäni muistaisi?

juon aamukahvit

maisema ei ole vielä vaihtanut
kanavaa,
aurinko noussut,
mikään ei ole muuttunut

on aika lähteä ulos,
liimata naamalle jokin ilme
alakulo tai ilo

mutta katse joka on totinen

tarkistan vielä oven ja lähden –
olen jo kaikki valheet
tälle päivälle
keksinyt

Rakkaus on elämä,

ei kyllästy siihen ihminen,
niin paljon sitä kirjoittaa
tunsi sen juuri nyt
tai ei.

Ei kenessäkään toistu
toinen ihminen,
sama rakkaus –

sillä jokainen hellyys
on kaikkeuden erikseen
luoma.

Eikä rakkaus ole
pelkkä sana,
vaan hiljaisuus
sen ympärillä,

melkein kuin
kuolema.

kun taas jään yksin,
minun on koluttava
kaikki asuntoni nurkat,
jotta joku olisi
lähtösi jälkeen ollut
jokaisessa
huoneessa

joskus tulevaisuus on näyttänyt
minullekin niin helpolta
etten millään olisi jaksanut sitä
elää

kaislikko lepää
edessäni

minä näen helposti
toiselle rannalle
mutta ajatukseni ei
sitä tee

harhailee vain vetten päällä

ei halua äärtä
niin kuin on syntymä
ja kuolema

tuuli tarttuu hiljaa kasvoilleni
ja minä pidätän
hengitystäni

kauan odotin syksyn
ensimmäistä hämärää
jotta voisin salaa
suudella oikeaa
yötä

kauan minä varroin
ja aloin pimetä
itse

tänään en tunne alakuloa
vaan olen maassa –
en kai elänyt eilistä
niin kuin ovat
säännöt

jotta edes nyt
pätisin oikein ihmisyydessäni,
tähän pitäisi tulla
oivallus

huominen ei
käännä sivua vaan
repii sen kokonaan
irti

tarjosi maailma minulle
elämän veden
suun täyteen
sirpaleita

vaikka heittoni on floppi,
ota siitä koppi

rakasta!
vedä kortti pakasta

niin minä päden,
teen kouraasi täyskäden

ole hyvä ja soita,
saat kaiken –
minut,
kuu taivaalta itsellesi
tavoita!

en ole pitkään aikaan
enää miettinyt,
miten lopettaa elämä,
vaan miten
elämä lopettaa minut

kellot kutsuvat ihmisiä
sanankuuloon,

en seisahdu lyöntien alle,
vaan kuljen kumun läpi
vielä löytäen huomisen –

mutta kun hiljenee
toinen uskonto,
alkaa toinen
ja sen ääni –

jumala on ukkonen

nämä ajat ja
kaiken kauheus

maailma loppuu juuri nyt

sama kuin kattona on
sininen taivas –

niin kuin muuten
minua ja sinua ei olisi
koskaan ollutkaan

kaiken kauneus sinussa
on juuri se
miten sinut ajattelen

vaikka sydämesi löisi
aivan muualla
sen paikka on juuri siinä
missä minä pidän kättäni

sinun herkkä sielusi
sinua kaikkialta suojaa,
minuakin

ja yhä uudelleen
minä yritän
ja matkaan ihoasi pitkin

ja vaikka kuinka minä hapuan,
sinä olet piilossa
ja annat minullekin siten turvan –
sinähän sen
tiedät

jos jotain vielä sattuisi
tulemaan mieleen
merkitsen
tämänkin.